　　集部二

陶淵明集　　別集類一　晉

提要

臣等謹案陶淵明集八卷晉陶潛撰北齊陽休之序録稱潛集行世凡三本一本八卷無序一本六卷有序目而編比顛亂兼復闕少一本為蕭統所撰案古人選定之本亦謂之撰故文選舊本皆題昭明太子撰而徐陵玉臺新咏序稱撰録艶歌凡為十卷休之稱淵明集為統撰葢沿當日之稱

今亦仍其原文亦八卷而少五孝傳及四八目四八目即聖賢羣輔録也休之叅合三本定為十卷已非蕭統之舊又宋庠私記稱隋經籍志潛集九卷又云梁有五卷録一卷唐志作五卷庠時所行一為蕭統八卷本以文列詩前一為陽休之十卷本其他又數十本終不知何者為是晚乃得江左舊本次第最無倫貫今世所行即庠稱江左本也然昭明太子去潛世近已不見五孝傳四

八目不以入集陽休之何由續得且五孝傳
及四八目所引尚書自相矛盾決不出于一
手當必依託之文休之誤信而增之後諸本
雖卷數多少次第先後各有不同其竄入偽
作則同一轍實自休之所編始庠私記但疑
八儒三墨二條之誤亦考之不審矣今四八
目已經
睿鑒指示灼知其贋別著錄于子部類書而詳辨

之其五孝傳文義庸淺決非潛作既與四八
目一時同出其贗亦不待言今並刪除惟編
潛詩文仍從昭明太子所定釐為八卷雖梁
時舊第今不可考而黜僞存真庶幾猶為近
古焉乾隆四十六年十月恭校上

總纂官臣紀昀臣陸錫熊臣孫士毅

總校官臣陸費墀

陶淵明集原序

夫自衒自媒者士女之醜行不忮不求者明達之用心是以聖人韜光賢人遁世其故何也含德之至莫踰於道親己之切無重於身故道存而身安道亡而身害處百齡之内居一世之中倏忽比之白駒寄遇謂之逆旅宜乎與大塊而盈虚隨中和而任放豈能戚戚勞於憂畏汲汲役於人間齊謳趙女之娱八珍九鼎之食結駟連騎之榮侈袂執圭之貴樂既樂矣憂亦隨之何倚伏

之難量亦慶弔之相及智者賢人居之甚履薄冰愚夫貪士競之若洩尾閭玉之在山以見珍而終破蘭之生谷雖無人而自芳故莊周垂釣於濠伯成躬耕於野或貨海東之藥草或紡江南之落毛譬彼鴛雛豈競鳶鴟之肉猶斯雜縣寧勞文仲之牲至于子常寗喜之倫蘇秦衛鞅之匹死之而不疑甘之而不悔主父偃言生不五鼎食死則五鼎烹卒如其言豈不痛哉又楚子觀周受折於孫滿霍侯驂乘禍起於負芒饕餮之徒其流甚

衆唐堯四海之主而有汾陽之心子晉天下之儲而有洛濱之志輕之若脫屣視之若鴻毛而況於他人乎是以至人達士因以晦迹或懷瑾而謁帝或被褐而負薪鼓枻清潭棄機漢曲情不在於衆事寄衆事以忘情者也有疑陶淵明詩篇篇有酒吾觀其意不在酒亦寄酒為迹者也其文章不羣辭彩精拔跌宕昭彰獨超衆類抑揚爽朗莫之與京橫素波而傍流干青雲而直上語時事則指而可想論懷抱則曠而且真加以貞志不休

安道苦節不以躬耕為恥不以無財為病自非大賢篤志與道汙隆孰能如此乎余素愛其文不能釋手尚想其德恨不同時故加搜校粗為區目白璧微瑕惟在閒情一賦揚雄所謂勸百而諷一者卒無諷諫何足搖其筆端惜哉亡是可也并粗點定其傳編之于錄嘗謂有能觀淵明之文者馳競之情遣鄙吝之意祛貪夫可以廉懦夫可以立豈止仁義可蹈抑乃爵祿可辭不必傍游泰華遠求柱史此亦有助於風教也

陶淵明集總論

蘇東坡曰吾於詩人無所好獨好淵明詩淵明作詩不多然質而實綺癯而實腴自曹劉鮑謝李杜諸人皆莫及也

東坡曰所貴於枯淡者謂外枯而中膏似淡而實美淵明子厚之流是也若中邊皆枯亦何足道佛言譬如食蜜中邊皆甜人食五味知其甘苦皆是能分別其中邊者百無一也

黃山谷跋淵明詩卷曰血氣方剛時讀此詩如嚼枯木及綿歷世事知決定無所用智又云謝康樂庾義城之詩鑪錘之功不遺餘力然未能窺彭澤數仞之牆者二子有意於俗人贊毀其工拙淵明直寄焉持是以論淵明亦可以知其關鍵也

山谷道人曰寧律不諧不使句弱用字不工不使語俗此庾開府之所長也然有意於為詩也至於淵明則所謂不煩繩削而自合者雖然巧於斧斤者多疑其

拙窘於檢括者輒病其放孔子曰甯武子其智可及也其愚不可及也淵明之拙與放豈可為不智者道哉道人曰如我按指海印發光汝暫舉心塵勞先起說者曰若以法眼觀無俗不真若以世眼觀無真不俗淵明之詩要當與一丘一壑者共之耳

山谷曰退之於詩本無解處以才高而好耳淵明不為詩寫其胸中之妙耳無韓之才與陶之妙而學其詩終樂天耳

胡仔苕溪漁隱叢話曰東坡在潁州時因歐陽叔弼讀元載傳歎淵明之絕識遂作詩云淵明求縣令本緣食不足束帶向督郵小屈未為辱翩然賦歸去豈不念窮獨重以五斗米折腰營口腹云何元相國萬鍾不滿欲胡椒銖兩多安用八百斛以此殺其身何翅抵鵲玉往者不可悔吾其反自燭淵明隱約栗里柴桑之間或飯不足也顏延年送錢二萬即日送酒家與蓄積不知紀極至藏胡椒八百斛者相去遠近豈

直睢陽蘇合彈與蜣蜋糞丸比哉

胡仔苕溪漁隱曰鍾嶸評淵明詩為古今隱逸詩人之宗余謂陋哉斯言豈足以盡之不若蕭統云淵明文章不羣詞彩精拔跌宕昭彰獨超衆類抑揚爽朗莫之與京横素波而傍流干青雲而直上語時事則指而可想論懷抱則曠而且真加以貞志不休安道苦節不以躬耕為恥不以無財為病自非大賢篤志與道汚隆孰能如是乎此言盡之矣

陳后山曰鮑照之詩華而不弱陶淵明之詩切於事情
但不文耳

陳后山又曰右丞蘇州皆學陶正得其自在

楊龜山語録曰淵明詩所不可及者冲澹深粹出於自
然若曾用力學然後知淵明詩非著力所能成也

朱文公語録曰晉宋人物雖曰尚清高然箇箇要官職
這邊一面清談那邊一面招權納貨陶淵明真个是
能不要此所以高於晉宋人物

朱文公語錄曰作詩須從陶柳門中來乃佳不如是無以發蕭散沖澹之趣不免於局促塵埃無由到古人佳處

朱晦菴曰陶淵明詩平淡出於自然後人學他平淡便相去遠矣某後生見人做得詩好銳意要學遂將淵明詩平仄用字一一依他做到一月後便解自做不要他本子方得作詩之法

朱晦菴又曰韋蘇州詩直是自在其氣象近道陶却是

有力但詩健而意閒隱者多是帶性負氣之人為之陶欲有為而不能者也又好名韋則自在

葛常之韻語陽秋曰陶潛謝朓詩皆平澹有思致非後來詩人怵心劌目雕琢者所為也老杜云陶謝不枝梧風騷共推激紫燕自超詣翠駮誰剪剔是也大抵欲造平淡當自組麗中來落其紛華然後可造平淡之境如此則陶謝不足進矣今之人多作拙易詩而自以為平淡識者未嘗不絶倒也梅聖俞和晏相詩

云因令適性情稍欲到平澹苦詞未圓熟刺口劇菱芡言到平澹處甚難也李白云清水出芙蓉天然去雕飾平澹而到天然處則善矣

劉後村曰士之生世鮮不以榮辱得喪撓敗其天真者淵明一生惟在彭澤八十餘日涉世故餘皆高枕北窻之日無榮惡乎辱無得惡乎喪此其所以為絶唱而寡和也二蘇公則不然方其得意也為執政侍從及其失意也至下獄過嶺晚更憂患於是始有和陶

之作二公雖惓惓於淵明未知淵明果印可否

西清詩話曰淵明意趣真古清淡之宗詩家視淵明猶

孔門視伯夷也

蔡寬夫曰柳子厚之貶其憂悲憔悴之歎發於詩者特

為酸楚卒以憤死未為達理白樂天似能脫屣軒冕

者然榮辱得失之際銖銖校量而自矜其達每詩未

嘗不著此意是豈真能忘之者哉亦力勝之耳惟淵

明則不然觀其貧士責子與其他所作當憂則憂當

喜則喜忽然憂樂兩忘則隨所寓而皆適未嘗有擇於其間所謂超世遺物者要當如是而後可觀三人之詩以意逆志人豈難見以是論賢不肖之實何可欺乎

陸象山曰詩自黄初而降日以漸薄惟彭澤一源來自天稷與衆殊趣而淡薄平夷玩嗜者少

陸象山又曰李白杜甫陶淵明皆有志於吾道

真西山曰淵明之作宜自為一編以附于三百篇楚辭

之後為詩之根本準則
魏鶴山曰世之辯證陶氏者曰前後名字之互變也死生歲月之不同也彭澤退休之年史與集所載之各異也然是所當考而非其要也其稱美陶公者曰榮利不足以易其守也聲味不足以累其真也文辭不足以溺其志也然是亦近之而其所以悠然自得之趣則未之深識也風雅以降詩人之辭樂而不淫哀而不傷以物觀物不牽於物吟咏性情而不累於情

孰有能如公者乎有謝康樂之忠而勇退過之有阮嗣宗之達而不至於放有元次山之漫而不著其迹此豈小小進退所能窺其際耶先儒所謂經道之餘因閒觀時因靜照物因時起志因物寓言因志發詠因言成詩因詠成聲因詩成音者陶公有焉

休齋曰人之為詩要有野意語曰質勝文則野蓋詩非文不腴非質不枯能始腴而終枯無中邊之殊意味自長風人以來得野意者淵明而已

雪浪齋日記曰為詩欲詞格清美當看鮑昭謝靈運欲渾成而有正始以來風氣當看淵明

楊文清公曰按詩中言本志少說固窮多夫惟忍於饑寒之苦而後能存節義之閑西山之所以有餓夫也世士貪榮辱事豪俊而高談名義自方於古之人余未之信也

按邢寬曰靖節先生以義熙元年秋為彭澤令其冬解綬去職時四十一歲矣後十六年晉禪宋又七年卒

是為宋文帝元嘉四年南史及梁昭明太子傳不載壽年晉書隱逸傳及顏延之誄皆云年六十三以歷推之生於晉哀帝興寧三年乙丑歲張縯云先生辛丑游斜川詩言開歲倏五十若以詩為正則先生生於壬子歲自壬子至辛丑為年五十迄丁卯考終是得年七十六併記之

按張縯曰梁昭明太子傳稱陶淵明字元亮或云潛字淵明顏延之誄亦云有晉徵士潯陽陶淵明以統及延之所書則淵明固先生之名非字也先生作孟嘉

傳稱淵明先親君之第四女嘉於先生為外大父先生又及其先親義必以名自見豈得自稱字哉統與延之所書可信不疑晉史謂潛字元亮南史謂潛字淵明皆非也先生於義熙中祭程氏妹亦稱淵明至元嘉中對檀道濟之言則云潛也何敢望賢年譜云在晉名淵明在宋名潛元亮之字則未嘗易此言得之矣

欽定四庫全書

陶淵明集卷一

詩四言

晉 陶潛 撰

劉後村曰四言自曹氏父子王仲宣陸士衡後惟陶公最高停雲榮木等篇殆突過建安矣又曰四言尤難以三百五篇在前故也

停雲 并序

停雲思親友也罇酒新湛湛讀曰沈園列初榮願言不從歎息彌襟

靄靄停雲濛濛時雨八表同昏平路伊阻靜寄東軒春醪獨撫良朋悠邈搔首延佇

停雲靄靄時雨濛濛八表同昏平陸成江二句益寓飈回霧塞陵遷谷變之意有酒有酒閒飲東窻願言懷人舟車靡從

東園之樹枝條再榮競用新好以招余情謂相招以人事新朝也亦有言日月于征安得促席說彼平生

翩翩飛鳥息我庭柯歛翮閒止好聲相和豈無他人念
子實多願言不獲抱恨如何
高元之曰以停雲名篇乃周詩六義二曰賦
四曰興之遺義也

時運 并序

時運游暮春也春服既成景物斯和偶影獨
游欣慨交心

邁邁時運穆穆良朝襲我春服薄言東郊山滌餘靄宇

曖微霄有風自南翼彼新苗
洋洋平津乃漱乃濯邈邈遐景載欣載矚矚之欲切視也稱心
而言人亦易足揮玆一觴陶然自樂
延目中流悠悠清沂魚依切水名出泰山童冠齊業閒詠以歸我
愛其靜寤寐交揮但恨殊世邈不可追
斯晨斯夕言息其廬花藥分列林竹翳如清琴橫床濁酒
半壺黃唐莫逮慨獨在余史記曰黃帝為有熊帝堯為陶唐

湯東澗曰閒詠以歸我愛其靜靜之為言謂

其無外慕也亦庶乎知浴沂者之心矣

榮木 并序

榮木念將老也日月推遷已復有夏總角聞
道白首無成

采采榮木結根于茲晨耀其華夕已喪之人生若寄顦
顇（與憔悴同）有時靜言孔念中心悵而
采采榮木于茲托根繁華朝起慨暮不存貞脆由人禍
福無門匪道曷依匪善奚敦

嗟予小子稟兹固陋徂年既流業不增舊志彼不舍安此日富或曰志當作忘荀子功在不舍詩一醉日富蓋自咎其廢學而樂飲云爾我之懷矣怛焉内疚

先師遺訓余豈云墜四十無聞斯不足畏脂我名車策我名驥千里雖遥孰敢不至

趙泉山曰四十無聞斯不足畏按晉元興三年甲辰劉敬宣以破桓歆功遷建威將軍江州刺史鎮潯陽辟靖節叅其軍事時靖節年

四十也靖節當年抱經濟之器藩輔交辟遭時不競將以振復宗國為巳任回翔十載卒屈于戎幕佐吏用是志不獲騁而良圖弗集明年決策歸休矣

贈長沙公族祖并序

長沙公於余為族一作余於長沙公為族祖同出大司馬漢高帝時陶舍昭穆既遠巳為路人經過潯陽臨別贈此

同源分流人易世踈慨然寤歎念兹厥初禮服遂悠歲月眇徂感彼行路眷然躊躇

於穆令族允構斯堂諧氣冬暄映懷圭璋爰采春花載警秋霜我曰欽哉實宗之光

伊余云遘在長忘同笑言未久逝焉西東遙遙三湘寰宇記湘潭湘鄉湘源為三湘滔滔九江山川阻遠行李時通

何以寫心貽此話言進簣雖微終焉為山敬哉離人臨路悽然欵襟或遼音問其先

楊誠齋曰同源分流人易世疎慨然寤歎念
茲厥初老泉族譜引正淵明詩意而淵明字
少意多尤可涵泳

西蜀張縯辨證曰年譜以此詩為元嘉乙丑
作按晉書載長沙公侃卒長子夏以罪廢次
子瞻之子宏襲爵宏卒子綽之嗣綽之卒子
延壽嗣宋受晉禪延壽降為吳昌侯若謂詩
作於元嘉則延壽已改封吳昌非長沙矣先

生詩云伊余云遘在長忘同蓋先生世次為長視延壽乃諸父行序云余於長沙公為族或云長沙公於余為族皆以族字斷句不稱為祖蓋長沙公為大宗之傳先生不欲以長自居故詩稱於穆令族序稱於余為族又云我曰欽哉實宗之光皆敬宗之義也如年譜以族祖族孫為稱乃是延壽之子延壽已為吳昌侯其子又安得稱長沙公哉要是此詩

作於延壽未改封之前

酬丁柴桑 柴桑潯陽故里

有客有客爰來爰止秉直司聰于惠百里飡勝如歸聆善若始

匪惟諧也屢有良由載言載眺以寫我憂放歡一遇既醉還休實欣心期方從我遊

答龐參軍 并序

龐為衛軍參軍從江陵使上都過潯陽見贈

衡門之下有琴有書載彈載詠爰得我娛豈無他好樂是幽居朝為灌園夕偃蓬廬

人之所寳尚或未珍不有同愛云胡以親我求良友實覯懷人懽心孔洽棟宇惟鄰時新居南里之南村即栗里鄰新居鄰也

伊余懷人欣德孜孜我有旨酒與汝樂之乃陳好言乃著新詩一日不見如何不思

嘉遊未斁誓將離分送爾于路銜觴無欣依依舊楚邈邈西雲之子之遠良話曷聞

昔我云别倉庚載鳴今也遇之霰雪飄零大藩有命作使上京豈忘宴安王事靡寧

慘慘寒日肅肅其風翩彼方舟容裔江中勗哉征人在始思終敬兹良辰以保爾躬

勸農

悠悠上古厥初生人傲然自足抱朴含真智巧既萌資待靡因誰其贍之實賴哲人

哲人伊何時為后稷贍之伊何實曰播殖舜既躬耕禹

亦稼穡遠若周典八政始食

熙熙令音猗猗原陸卉木繁榮和風清穆紛紛士女趨時競逐桑婦宵征農夫野宿

氣節易過和澤難久冀缺攜儷左傳僖三十三年臼季使過冀見冀缺耨其妻饁之敬相待如賓與之歸沮溺結耦相彼賢達猶勤隴畝矧伊衆庶曳裾拱手

民生在勤勤則不匱宴安自逸歲暮奚冀儋石不儲儋石言一儋一石應劭曰齊人名罌為儋石受二斛漢書音義曰儋一斗之儲飢寒交至顧爾儔

列能不懷愧

孔耽道德樊須是鄙董樂琴書田園不履若能超然投迹高軌敢不斂衽敬讚德美

命子

悠悠我祖爰自陶唐邈為虞賓歷世重光陶世之先曰伊祁氏升唐侯為天子後遜于虞作游陶丘故號陶唐氏而謚曰堯取散宜氏之女曰女皇生丹朱復有庶子九人及舜初郊于唐以丹朱為尸因封于唐

御龍勤夏豕韋翼商時董父好龍舜命豢龍於陶丘而堯之庶子奉先之祀於陶丘者或世業豢龍逮夏帝孔甲時天降雌雄龍二于庭有劉累者實堯之裔累以擾音

豢龍事孔甲賜之姓御龍氏龍一雌死帝既饗復求御龍氏懼遷魯山祝融之後封于豕韋商武丁滅之以封劉累之胄穆穆司徒左傳載商民七族陶氏其一也陶氏授民是為司徒益豕韋之後陶姓始經見於此厥族以昌原陶姓氏族之所自來也紛紛戰國漠漠衰周鳳隱於林幽人在丘逸虯遶雲虯奇樛切俗作蛇非無角龍也奔鯨駭流二句喻狂暴縱橫之亂也天集有漢眷予愍侯高帝功臣表開封愍侯陶舍以左司馬從漢破代封侯於赫愍侯運當攀龍撫劍夙邁顯茲武功書誓山河啟土開封高帝與功臣盟云使黄河如帶泰山如礪國以永存爰及苗裔書誓山河謂此盟也亹亹

丞相孝景二年陶青為丞相允迪前蹤渾渾長源蔚蔚洪柯羣川載導衆條載羅二句喻枝派之分散時有語黙運因隆窊窊烏瓜切凹也二句言陶青之後未有顯者也在我中晉業融長沙按别傳陶侃字士行仕中晉在軍四十一載位至八州都督封長沙郡公薨於成帝咸和九年追贈大司馬謚曰桓桓桓長沙伊勲伊德天子疇我專征南國功遂辭歸臨寵不忒孰謂斯心而近可得言長沙公心期之高遠也肅矣我祖慎終如始直方二臺惠和千里陶茂麟譜以岱為祖按此

詩云惠和千里當從晉史以茂為祖陶茂為武昌太守於皇仁考淡焉虛止寄迹風雲寘茲愠喜父姿城太守生五子史失載嗟余寡陋瞻望弗及顧慚華鬢負影隻立三千之罪無後為急我誠念哉呱聞爾泣卜云嘉日占亦良時名汝曰儼字汝求思温恭朝夕念茲在茲尚想孔伋庶其企而孔伋因求思而言韋玄成詩誰謂華高企其齊而誰謂德難厲其庶而厲夜生子遽而求火莊子天地篇厲之人半夜生其子遽取火而視之汲汲然惟恐其似

已也

凡百有心奚特於我既見其生實欲其可人亦有言斯情無假

日居月諸漸免于孩福不虛至禍亦易來夙興夜寐願爾斯才爾之不才亦已焉哉

張縯曰先生高蹈獨善宅志超曠視世事無一可芥其中者獨於諸子拳拳訓誨有命子詩有責子詩有告儼等疏先生既厚積於躬薄取於世其後宜有興者而六代之際迄無

所聞此亦先生所謂天道幽且遠鬼神茫昧然者也靖節之裔不見於傳獨袁郊甘澤謡云陶峴彭澤之後開元中家于崑山

又曰杜子美嘲先生云有子賢與愚何其掛懷抱此固以文為戲耳驥子好男兒若以是嘲子美譽兒亦豈不可哉

趙泉山曰靖節之父史逸其名惟載於陶茂麟家譜而其行事亦無從考見惟命子詩曰於皇仁考淡焉虚止寄迹風雲寘兹慍喜其

父子風規益相類

歸鳥

翼翼歸鳥晨去于林遠之八表近憩雲岑（憩起例切息也）和風不洽翻翮求心（託言歸而求志下文豈思天路意同）顧儔相鳴景庇清陰

翼翼歸鳥載翔載飛雖不懷游見林情依遇雲頡頏相鳴而歸遐路誠悠性愛無遺

翼翼歸鳥馴林徘徊豈思天路欣及舊棲雖無昔侶衆聲每諧日夕氣清悠然其懷

翼翼歸鳥戢羽寒條游不曠林宿則森標晨風清興好音時交矰繳奚施（繳之若切弋矢著絲以罥禽足也）已卷安勞（卷與倦同）

陶淵明集卷一

欽定四庫全書

陶淵明集卷二

晉 陶潛 撰

詩五言

形影神三首

貴賤賢愚莫不營營以惜生斯甚惑焉故極陳形影之苦言神辨自然以釋之好事君子共取其心焉

形贈影

天地長不沒山川無改時草木得常理霜露榮悴之謂人最靈智獨復不如茲適見在世中奄去靡歸期奚覺無一人親識豈相思但餘平生物舉目情悽洏洏如之切涕流貌我無騰化術必爾不復疑願君取吾言得酒莫苟辭

影答形

存生不可言衛生每苦拙誠願游崑華邈然茲道絕與子相遇來未嘗異悲悅憩蔭若暫乖止日終不別此同

既難常黯爾俱時滅身沒名亦盡念之五情熱立善有遺愛胡為不自竭酒云能消憂方此詎不劣

神釋

大鈞無私力萬理自森著人為三才中豈不以我故與君雖異物生而相依附結託善惡同安得不相語三皇大聖人今復在何處彭祖壽永年欲留不得住彭祖姓籛名鏗顓頊玄孫進雉羹於堯堯封於彭城歷夏經殷至周年八百歲老少同一死賢愚無復數日醉或能忘將非促齡具立善常所欣誰當為汝譽

日醉釋前篇立善釋後篇甚念傷吾生正宜委運去縱浪大化中不喜亦不懼應盡便須盡無復獨多慮

鶴林曰人為三才中豈不以我故我神自謂也人與天地並立而為三以此心之神也若塊然血肉豈足以並天地哉末縱浪大化中四句是不以死生禍福動其心泰然委順養神之道也淵明可謂知道之士矣

九日閒居 并序

余閒居愛重九之名秋菊盈園而持醪靡由空服九華寄懷於言

世短意常多斯人樂久生日月依辰至舉俗愛其名露淒暄風息氣澈天象明往鷰無遺影來雁有餘聲酒能祛百慮菊為制頹齡如何蓬廬士空視時運傾（空視時運傾指易代之事）塵爵恥虛罍寒華徒自榮斂襟獨閒謡緬焉起深情棲遲固多娛淹留豈無成（淹留無成騷人語也今反之謂不得於彼則得於此後棲遲詎為拙亦同）

古詩云人生不滿百常懷千歲憂而淵明以五字盡之曰世短意常多東坡曰意長日月促則倒轉陶句耳

歸園田居六首

其一

少無適俗韻性本愛丘山誤落塵網中一去三十年羈鳥戀舊林池魚思故淵開荒南野際守拙歸園田方宅十餘畝草屋八九間榆柳蔭後園桃李羅堂前曖曖遠

人村依依墟里烟狗吠深巷中雞鳴桑樹巔户庭無塵雜虛室有餘閒久在樊籠裏復得返自然

冷齋夜話曰東坡嘗云淵明詩初視若散緩熟視有奇趣如曰曖曖遠人村依依墟里烟狗吠深巷中雞鳴桑樹巔又曰採菊東籬下悠然見南山大率才高意遠則所寓得其妙遂能如此如大匠運斤無斧鑿痕不知者則疲精力至死不悟

其二

野外罕人事窮巷寡輪鞅白日掩荆扉虚室絶塵想時復墟曲中披草共來往相見無雜言但道桑麻長桑麻日已長我土日已廣常恐霜霰至零落同草莽

其三

種豆南山下草盛豆苗稀晨興理荒穢帶月荷鋤歸道狹草木長夕露沾我衣衣沾不足惜但使願無違

前漢楊惲傳田彼南山蕪穢不治種一頃豆落而為萁人生行樂耳須富貴何時

東坡曰以夕露沾衣之故而違其所願者多
矣
其四
久去山澤游浪莽林野娛試攜子姪輩披榛步荒墟徘
徊丘壠間依依昔人居井竈有遺處桑竹殘朽株借問
採薪者此人皆焉如薪者向我言死沒無復餘一世異
朝市此語真不虛人生似幻化終當歸空無
其五

悵恨獨策還崎嶇歷榛曲山澗清且淺遇以濯吾足漉我新熟酒隻雞招近局日入室中闇荆薪代明燭歡來苦夕短已復至天旭

其六

種苗在東皐苗生满阡陌雖有荷鋤倦濁酒聊自適日暮巾柴車路暗光已夕歸人望烟火稚子候簷隙問君亦何為百年會有役但願桑麻成蠶月得紡績素心正如此開徑望三益

韓子蒼曰田園六首末篇乃序行役與前五首不類今俗本乃取江淹種苗在東皐為末篇東坡亦因其誤和之陳述古本止有五首予以為皆非也當如張相國本題為雜詠六首江淹雜擬詩亦頗似之但開徑望三益此一句不類

東澗曰但願桑麻成蠶月得紡績則與陶公語判然矣

問來使

爾從山中來早晚發天目山名在武林我屋南窻下今生幾叢菊薔薇葉已抽秋蘭氣當馥歸去來山中山中酒應熟

西清詩話曰此節獨南唐與晁文元家二本有之

東澗曰此葢晚唐人因太白感秋詩而偽為之

遊斜川 并序

辛丑正月五日天氣澄和風物閒美與二三鄰曲同遊斜川臨長流望曾城路庭芝云曾城落星寺也殆晉之所有者魴鯉躍鱗於將夕水鷗乘和以翻飛彼南阜者名實舊矣不復乃為嗟歎若夫曾城傍無依接獨秀中皐遥想靈山有愛嘉名天問崑崙縣圃其尻安在增城九重其高幾里淮南子崑崙中有增城九重注云中有五城十二樓故云靈山嘉名欣對不足率爾賦詩悲日月之

遂往悼吾年之不留各疏年紀鄉里以記其

時日

開歲倏五日吾生行歸休念之動中懷及辰為茲游氣和天惟澄班坐依遠流弱湍（湍急瀨也）馳文魴閒谷矯鳴鷗迥澤散游目緬然睇曾丘雖微九重秀（九重注見上）顧瞻無匹儔提壺接賓侶引滿更獻酬未知從今去當復如此不中觴縱遙情忘彼千載憂且極今朝樂明日非所求

按辛丑歲靖節年三十七詩曰開歲倏五十

乃義熙十年甲寅以詩語證之序為誤今作開歲倏五日則與序中正月五日語意相貫

示周續之祖企謝景夷三郎時三人皆講禮校書

負痾頹簷下終日無一欣藥石有時閑念我意中人相去不尋常道路邈何因周生述孔業祖謝響然臻薦禰表羣士響臻道喪向千載今朝復斯聞馬隊非講肆校書亦已勤老夫有所愛思與爾為鄰願言誨諸子從我潁水濱春秋云堯朝許由於沛澤之中曰請屬天下於夫子許由遂之箕山之下潁水之陽

泉山曰按靖節不事覲謁惟至田舍及廬山游觀舍是無他適續之自社主遠公順寂之後雖隱居廬山而州將每相招引頗從之游世號通隱是以詩中引箕潁之事微譏之

乞食

飢來驅我去不知竟何之行行至斯里叩門拙言辭主人解余意遺贈豈虛來談話終日夕觴至輒傾盃情欣新知歡言詠遂賦詩感子漂母惠愧我非韓才銜戢知

何謝冥報以相貽

東坡曰淵明得一食至欲以冥謝主人哀哉哀哉此大類丐者口頰也非獨余哀之舉世莫不哀之也飢寒常在身前功名常在身後二者不相待此士之所以窮也

諸人共游周家墓柏下

今日天氣佳清吹與鳴彈（吹尺偽切嘘也）感彼柏下人安得不為歡清歌散新聲綠酒開芳顏未知明日事余襟良已

殫

怨詩楚調示龐主簿（遵）鄧治中（闕）

天道幽且遠鬼神茫昧然結髮念善事僶俛六九年弱冠逢世阻始室喪其偏（其年二十喪偶繼取翟氏）炎火屢焚如螟蜮恣中田（蔡氏注蜮蟲水中含沙射人非食苗桑蟲意此螟蜮當是螟蟘）風雨縱橫至收歛不盈廛夏日長抱飢寒夜無被眠造夕思雞鳴及晨願烏遷（謂日烏月兔飛走之速也）在己何怨天離憂悽目前吁嗟身後名於我若浮烟慷慨獨悲歌鍾期信為賢

薛易簡正音集云琴之操弄約五百餘名多緣古人幽憤不得志而作也今引子期知音事而命篇曰怨詩楚調庸非度調爲辭欲被絃歌乎

趙泉山曰集中惟此詩歷敘平素多艱如此而一言一字率直致而務紀實也

答龐參軍 并序

三復來貺欲罷不能自爾鄰曲冬春再交欵

然良對忽成舊游俗諺云數面成親舊況情過此者乎人事好乖便當語離楊公所歎豈惟常悲吾抱疾多年不復為文本既不豐（謂癯瘁也）復老病繼之輒依周孔往復之義且為別後相思之資（楊公楊永也）

相知何必舊傾蓋定前言有客賞我趣每每顧林園談諧無俗調所說聖人篇或有數斗酒閒飲自歡然我實幽居士無復東西緣物新人惟舊弱毫多所宣情通萬

里外形跡滯江山君其愛體素曹子建詩王其愛玉體來會在何
年
五月旦作和戴主簿
虛舟縱逸棹回復遂無窮發歲始俛仰星紀奄將中南
窻罕悴物此林榮且豐神淵寫時雨晨色奏景風史記律書
景風者居南方景者言陽道竟故曰景風既來孰不去人理固有終居常待
其盡曲肱豈傷冲遷化或夷險肆志無窊隆即事如已
高何必升華嵩

連雨獨飲

運生會歸盡終古謂之然世間有松喬於今定何聞故老贈余酒乃言飲得仙試酌百情遠重觴忽忘天天豈去此哉任真無所先雲鶴有奇翼八表須臾還自我抱兹獨僶俛四十年形骸久已化心在復何言

趙泉山曰按晉傳靖節未嘗有喜愠之色唯遇酒則飲時或無酒亦雅詠不輟飲酒詩云不覺知有我安知物為貴獨飲詩云試酌百

情遠重觴忽忘天天豈去此哉任真無所先

此酒中實際理地也豈狂藥昏醬之語

移居二首

其一

昔欲居南村即栗里也非為卜其宅聞多素心人樂與數晨夕懷此頗有年今日從兹役敝廬何必廣取足蔽床席鄰曲時時來指顏延年殷景仁龎通之輩抗言談在昔奇文共欣賞奇文見王褒傳疑義相與析

其二

春秋多佳日登高賦新詩過門更相呼有酒斟酌之農務各自歸閒暇輒相思相思則披衣言笑無厭時此理將不勝（音升任也）無為忽去茲（言此樂不可勝無為舍而去之韓子亦曰樂之終身不厭何暇外慕）衣食當須紀力耕不吾欺

和劉柴桑（遺民嘗作柴桑令）

山澤久見招胡事乃躊躇直為親舊故未忍言索居良辰入奇懷挈杖還西廬（時遺民約靖節隱山結白蓮社靖節雅不欲預其社列但時復

往還於廬阜間荒塗無歸人時時見廢墟茅茨已就治新疇復應畬爾雅田三歲曰畬靖節自庚戌徙居南村已再稔矣今秋穫後復應畬也谷風轉淒薄爾雅釋云東風謂之谷風春醪解飢劬弱女雖非男慰情良勝無栖栖世中事歲月共相疎耕織稱其用過此奚所須去去百年外身名同翳如

趙泉山曰谷風轉淒薄四句雖出於一時之諧謔亦可謂巧於處窮矣以弱女喻酒之醨薄飢則濡枯腸寒則若挾纊曲盡貧士嗜酒

之常態

酬劉柴桑

窮居寡人用時忘四運周𢋈庭多落葉慨然已知秋新葵鬱北牖嘉穟養南疇今我不為樂知有來歲不命室攜童弱良日登遠游

和郭主簿二首

其一

藹藹堂前林中夏貯清陰凱風因時來回飈開我襟息

交遊閒業臥起弄書琴園蔬有餘滋舊穀猶儲今營已
良有極過足非所欽舂秫作美酒酒熟吾自斟弱子戲
我側學語未成音此事真復樂聊用忘華簪遥遥望白
雲懷古一何深

其二

和澤周三春清涼素秋節露凝無游氛天高風景澈陵
岑聳逸峯遥瞻皆奇絶芳菊開林耀青松冠巖列懷此
貞秀姿卓為霜下傑銜觴念幽人千載撫爾訣檢素不

獲展厭厭竟良月

於王撫軍座送客

秋日凄且厲百卉具已腓四月詩云秋日凄凄百卉具腓集本作各傳寫之誤爰以履霜節登高餞將歸寒氣冒山澤游雲倏無依洲渚思緬邈風水互乖違瞻夕欲良讌離言聿云悲晨鳥暮來還懸車斂餘輝淮南子日至悲泉是謂懸車逝止判殊路旋駕悵遲遲目送回舟遠情隨萬化遺

按年譜此詩宋武帝永初二年辛酉秋作也

宋書王弘（字元休）為撫軍將軍江州刺史庾登之為西陽太守（今黃州）被徵還謝瞻為豫章太守（今洪州）將赴郡王弘送至湓口（今潯陽之湓浦）三人於此賦詩敘別是必元休要靖節預席餞行故文選載謝瞻即席集別詩首章紀座間四人

與殷晉安別（景仁名鐵）

殷先作晉安南府長史掾因居潯陽後作太

尉劉裕參軍移家東下作此以贈

遊好非久長一遇盡殷勤懶真子云遊好非久長一本作非少長其意云吾與子非少時長時遊從也但今一相遇故定交耳信宿酬清話益復知爲親去歲家南里薄作少時鄰負杖肆游從淹留忘宵晨語默自殊勢亦知當乖分未謂事已及興言在兹春飄飄西來風悠悠東去雲山川千里外言笑難爲因良才不隱世江湖多賤貧脱有經過便念來存故人

贈羊長史松齡

左軍羊長史銜使秦川關中作此與之

愚生三季後慨然念黃虞得知千載外正賴古人書山谷云正賴古人書蓋當時語或作上賴甚失語意賢聖留餘跡事事在中都洛陽西晉之故都長安乃秦漢所都豈忘游心目關河不可踰九域甫已一謂宋公裕始平下燕秦也逝將理舟輿聞君當先邁負痾不獲俱時松齡銜左將軍朱齡石之命詣裕行府賀平關洛原詩意靖節初欲從松齡訪關洛會病不果行路若經商山為我少躊躇多謝綺與角精爽今何如紫芝誰復採深谷久應蕪駟馬無貰患貰待夜切賒也貸也貧賤有交娛清謠

結心曲人乖運見踈擁懷累代下言盡意不舒

胡仔曰淵明高風峻節固已無愧於四皓然猶仰慕之足見其好賢尚友之心

湯東澗曰天下分裂而中州賢聖之迹不可得而見今九土既一則五帝之所連三王之所爭宜當首訪而獨多謝於商山之人何哉蓋南北雖合而世代將易但當與綺甪遊耳遠矣深哉

歲暮和張常侍

市朝悽舊人驟驥感悲泉（悲泉見前驟驥言白駒之過隙）明旦非今日歲暮余何言素顏斂光潤白髮一已繁濶哉秦穆談旅力豈未愆向夕長風起寒雲沒西山厲厲氣遂嚴紛紛飛鳥還民生鮮常在矧伊愁苦纏屢闕清酤至（酤一宿酒也）無以樂當年窮通靡攸慮顦顇由化遷撫已有深懷履運增慨然

湯東澗曰陶公不事異代之節與子房五世

相韓之義同既不為狙擊震動之舉又時無漢祖者可托以行其志所謂撫已有深懷履運增慨然讀之亦可以深悲其志也矣

和胡西曹示顧賊曹

蕤賓五月中（史記律書五月也律中蕤賓陰氣幼少故曰蕤萎陽不用事故曰賓）清朝起南颸（颸息兹切風也）不駛亦不遲（駛疎吏切疾也）飄飄吹我衣重雲蔽白日閒雨紛微微流目視西園曄曄榮紫葵於今甚可愛柰何當復衰感物願及時每恨靡所揮悠悠待秋稼

寥落將賒遲逸想不可淹猖狂獨長悲

悲從弟仲德

銜哀過舊宅悲淚應心零借問為誰悲懷人在九冥禮服名羣從恩愛若同生門前執手時何意爾先傾在數竟未免為山不及成慈母沈哀疚二胤纔數齡雙位委空館朝夕無哭聲流塵集虛座宿草旅前庭階除曠遊迹園林獨餘情翳然乘化去終天不復形遲遲將回步惻惻悲襟盈

陶淵明集卷二

欽定四庫全書

陶淵明集卷三

晉　陶潛　撰

詩五言

文選五臣注云淵明詩晉所作者皆題年號入宋所作但題甲子而已意者恥事二姓故以異之嘗考淵明詩有題甲子者始庚子距丙辰凡十七年間只十二首耳皆晉安帝時所作也淵明以乙巳

秋為彭澤令在官八十餘日即解印綬賦歸去來辭後一十六年庚申晉禪宋恭帝元熙二年也寧容晉未禪宋前二十年輙恥事二姓所作詩但題甲子以自取異哉矧詩中又無標晉年號者其所題甲子葢偶記一時之事耳後人類而次之亦非淵明本意秦少游嘗云宋初受命陶潛自以祖侃晉世宰輔恥復屈身投劾而歸耕于潯陽其所著書自義熙以前題晉年號永初以後但題甲子而

已黃魯直詩亦有甲子不數義熙前之句然則少
游魯直尚惑於五臣之說他可知矣故著于三卷
之首以祛來者之惑云

始作鎮軍參軍經曲阿

弱齡寄事外委懷在琴書被褐欣自得屢空常晏如時
來苟冥會婉孌憩通衢投策命晨裝暫與園田疎眇眇
孤舟逝緜緜歸思紆我行豈不遥登陟千里餘目倦川
塗異心念山澤居望雲慙高鳥臨水愧游魚真想初在

襟誰謂形蹟拘聊且憑化遷終返班生廬班賦求幽貞之所廬

鶴林曰士豈能長守山林長親蓑笠但居市朝軒冕時要使山林蓑笠之念不忘乃為勝耳淵明望雲慙高鳥四句似此胸襟豈為外榮所點染哉山谷曰佩玉而心若槁木立朝而意在東山亦此意

庚子歲五月中從都還阻風於規林二首

其一

行行循歸路計日望舊居一欣侍温顏再喜見友于洪駒父云以兄弟為友于歇後語也鼓棹路崎曲指景限西隅江山豈不險歸子念前塗凱風負我心戢枻守窮湖枻以制切楫也高莽眇無界夏木獨森疎誰言客舟遠近瞻百里餘延目識南嶺空歎將焉如

其二

自古歎行役我今始知之山川一何曠巽坎難與期巽順也坎險也或曰巽風也坎水也言道路行役之艱難崩浪聒天響聒喧語也長風無息

時久游戀所生如何淹在茲靜念園林好人間良可辭當年詎有幾縱心復何疑

趙泉山曰二詩皆直敘歸省意

辛丑歲七月赴假還江陵夜行塗中一作塗口按江圖自沙陽下流一百五十里至赤圻赤圻二十里至塗口

閒居三十載遂與塵事冥詩書敦宿好林園無俗情如何捨此去遙遙至南荆叩枻新秋月臨流別友生凉風起將夕夜景湛虛明昭昭天宇濶皛皛川上平懷役不

遑寐中宵尚孤征商歌非吾事依依在耦耕投冠旋舊

墟不為好爵縈養真衡茅下庶以善自名

按是時淵明年三十七中間除癸巳為州祭

酒乙未距庚子參鎮軍事三十載家居矣

癸卯歲始春懷古田舍二首

其一

在昔聞南畝當年竟未踐屢空既有人春興豈自免夙

晨裝吾駕啟塗情已緬鳥弄歡新節泠風送餘善寒竹

被荒蹊地為罕人遠是以植杖翁悠然不復返即理愧
通識所保詎乃淺

其二

先師有遺訓憂道不憂貧瞻望邈難逮轉欲志長勤秉
耒歡時務解顏勸農人平疇交遠風良苗亦懷新雖未
量歲功即事多所欣耕種有時息行者無問津日入相
與歸壺漿勞近鄰長吟掩柴門聊為隴畝民

東坡曰平疇交遠風良苗亦懷新非古之耦

耕植杖者不能道此語非予之世農亦不識

此語之妙

癸卯十二月中作與從弟敬遠

寢迹衡門下邈與世相絕顧盼莫誰知荊扉晝常閉（閉必結切閟也）淒淒歲暮風翳翳經日雪傾耳無希聲在目皓已潔（潔或作結）勁氣侵襟袖簞瓢謝屢設蕭索空宇中了無一可悅歷覽千載書時時見遺烈高操非所攀深得固窮節平津苟不由（漢元朔中武帝詔封公孫弘為平津侯）棲遲詎為拙寄意

一言外兹契誰能别

鶴林曰傾耳無希聲在目皓已潔此十字雪之輕虛潔白盡在是矣後此者莫能加也

乙巳歲三月為建威參軍使都經錢溪

我不踐斯境歲月好已積晨夕看山川事事悉如昔微雨洗高林清飈矯雲翮眷彼品物存義風都未隔伊余何為者勉勵從兹役一形似有制素襟不可易園田日夢想安得久離析終懷在歸舟諒哉宜霜柏

趙泉山曰此詩大旨慶遇安帝光復大業不失舊物也

還舊居

疇昔家上京南康志近城五里地名上京亦有淵明故居六載去還歸韓子蒼云淵明自庚子始作建威參軍由參軍為彭澤遂棄官歸是歲乙巳故云六載趙泉山曰自乙未佐鎮軍幕迄今六載韓說蓋誤今日始復來惻愴多所悲阡陌不移舊邑屋或時非履歷周故居鄰老罕復遺步步尋往迹有處特依依流幻百年中寒暑日相推常恐大化盡氣力不及衰

撥置且莫念一觴聊可揮

戊申歲六月中遇火

草廬寄窮巷甘以辭華軒正夏長風急林室頓燒燔一宅無遺宇舫舟蔭門前迢迢新秋夕亭亭月將圓亭亭高也果菜始復生驚鳥尚未還中宵竚遙念一盼周九天總髪抱孤念奄出四十年形迹憑化往靈府長獨閑貞剛自有質玉石乃非堅仰想東戶時餘糧宿中田鼓腹無所思朝起暮歸眠既已不遇兹且遂灌西園

按靖節舊宅居于柴桑縣之柴桑里至是屬回禄之變越後年徙居於南里之南村

己酉歲九月九日

靡靡秋已夕淒淒風露交蔓草不復榮園木空自凋清氣澄餘滓杳然天界高哀蟬無歸響叢雁鳴雲霄萬化相尋繹人生豈不勞從古皆有沒念之中心焦何以稱我情濁酒且自陶千載非所知聊以永今朝

庚戌歲九月中於西田穫早稻

人生歸有道衣食固其端孰是都不營而以求自安開春理常業歲功聊可觀晨出肆微勤日入負耒還山中饒霜露風氣亦先寒田家豈不苦弗獲辭此難四體誠乃疲庶無異患干盥濯息簷下斗酒散襟顏遙遙沮溺心千載乃相關但願長如此躬耕非所歎

觀此詩知靖節既休居惟躬耕是資故蕭德施曰安道苦節不以躬耕為恥

丙辰歲八月中於下潠田舍穫潠蘇困切

貧居依稼穡戮力東林隈不言春作苦常恐負所懷司田眷有秋寄聲與我諧饑者歡初飽束帶候鳴雞揚檝越平湖汎隨清壑迴鬱鬱荒山裏猿聲閑且哀悲風愛靜夜林鳥喜晨開曰余作此來三四星火頹姿年逝已老其事未云乖遙謝荷蓧翁聊得從君栖

蔡寛夫曰秦漢已前字書未備既多假借而音無反切平仄皆通用自齊梁後既拘以四聲又限以音韻故士率以偶儷聲病為工文

氣安得不卑弱惟淵明韓退之時時擺脫俗
拘忌故栖字與乖字皆取其傍韻用蓋筆力
自足以勝之

飲酒二十首

余閒居寡歡兼比夜已長偶有名酒無夕不
飲顧影獨盡忽焉復醉既醉之後輙題數句
自娛紙墨遂多辭無詮次聊命故人書之以
為歡笑爾

其一

衰榮無定在彼此更共之邵生瓜田中寧似東陵時漢蕭何傳邵平者故秦東陵侯秦破為布衣貧種瓜長安城東瓜美故世謂東陵瓜寒暑有代謝人道每如茲達人解其會逝將不復疑忽與一觴酒日夕歡相持

黄山谷曰衰榮無定在彼此更共之此是西漢人文章他人多少語言盡得此理

其二

積善云有報夷叔在西山善惡苟不應何事空立言九十行帶索飢寒況當年列子孔子遊於太山見榮啟期行乎郕之野鹿裘帶索鼓琴而歌孔子曰先生所以樂何也對曰吾樂甚多天生萬物人為貴吾得為人一樂也男女之別男尊女卑吾得為男二樂也人生有不見日月不免襁褓者吾已行年九十矣三樂也貧者士之常死者人之終處常得終當何憂乎哉孔子曰善哉能自寬也不賴固窮節百世當誰傳

詩眼曰近世名士作詩云九十行帶索榮公老無依余謂之曰陶詩本非警策因有君詩乃見陶之工或譏余貴耳賤目則為解曰榮

啟期事近出列子不言榮公可知九十則老可知行帶索則無依可知五字皆贅也若淵明意謂至於九十猶不免行而帶索則自少壯至於長老其飢寒艱苦宜如此窮士之所以可悲也此所謂君子於其言無所苟而已矣古人文章必不虛設

其三

道喪向千載人人惜其情有酒不肯飲但顧世間名所

以貴我身豈不在一生一生復能幾倏如流電驚鼎鼎百年內持此欲何成

其四

栖栖失羣鳥日暮猶獨飛徘徊無定止夜夜聲轉悲厲響思清遠去來何依依自值孤生松斂翮遙來歸勁風無榮木此蔭獨不衰託身已得所千載不相違

趙泉山曰此詩譏切殷景仁顏延年輩附麗于宋

其五

結廬在人境而無車馬喧問君何能爾心遠地自偏採菊東籬下悠然見南山山氣日夕佳飛鳥相與還此中有真意欲辯已忘言

王荆公曰淵明詩有奇絕不可及之語如結廬在人境四句由詩人以來無此句

東坡曰採菊之次偶然見山初不用意而景與意會故可喜也

敬齋曰前輩有佳句初未之知後人尋繹出來始見其工如淵明悠然見南山方在籬間把菊時安知其高老杜佳句最多尤不自知也如是則撞破烟樓手段豈能有得耶

蔡寬夫曰俗本多以見為望字若爾便有褰裳濡足之態矣一字之誤害理如此

張九成曰此即淵明畎畝不忘君之意也

其六

行止千萬端誰知非與是是非苟相形雷同共譽毀三季多此事（漢敘傳三季之後註云三代之末也）達士似不爾咄咄俗中惡（咄丁骨切叱也）且當從黃綺

湯東澗曰此篇言季世出處不齊士皆以乘時自奮為賢吾知從黃綺而已世俗之是非毀譽非所計也

其七

秋菊有佳色裛露掇其英（裛於汲切 掇都奪切）汎此忘憂物遠我

遺世情遠于願切一觴雖獨進杯盡壺自傾日入羣動息歸鳥趨林鳴嘯傲東軒下聊復得此生

定齋曰自南北朝以來菊詩多矣未有能及淵明詩語盡菊之妙如秋菊有佳色他華不足以當此一佳字然終篇寓意高遠皆繇菊而發耳

艮齋曰秋菊有佳色一語洗盡古今塵俗氣

東坡曰靖節以無事為得此生則見役於物

者非失此生耶

韓子蒼曰余嘗謂古人寄懷於物而無所好然後為達況淵明之真其於黃花直寓意耳至言飲酒適意亦非淵明極致向使無酒但悠然見南山其樂多矣遇酒輒醉醉醒之後豈知有江州太守哉當以此論淵明

其八

青松在東園衆草沒奇姿凝霜殄異類卓然見高枝連

林人不覺獨樹衆乃奇提壺挂寒柯遠望時復為吾生夢幻間何事紲塵羈

其九

清晨聞叩門倒裳往自開問子為誰歟田父有好懷壺漿遠見候疑我與時乖繿縷茅簷下未足為高栖一世皆尚同願君汩其泥（汩古沒切）深感父老言稟氣寡所諧紆轡誠可學違己詎非迷且共歡此飲吾駕不可回

趙氏註杜甫宿羌村第二首云一篇之中實

主既具問答了然可以比淵明此首

趙泉山曰時輩多勉靖節以出仕故作是篇

其十

在昔曾遠遊直至東海隅道路迥且長風波阻中塗此行誰使然似為飢所驅傾身營一飽少許便有餘恐此非名計息駕歸閑居

趙泉山曰此篇述其為貧而仕

其十一

顏生稱為仁榮公言有道屢空不獲年長饑至于老雖留身後名一生亦枯槁死去何所知稱心固為好客養千金軀臨化消其寶裸葬何必惡

前漢楊王孫臨終令其子曰吾欲裸葬以反吾真死則為布囊盛尸入地七尺既下從足引脫其囊以身親土其子遂裸葬

人當解意表

東坡曰客養千金軀臨化消其寶寶不過軀軀化則寶亡矣人言靖節不知道吾不信也

東澗曰顏榮皆非希身後名正以自遂其志耳保千金之軀者亦終歸於盡則裸葬亦未

可非也或曰前八句言名不足賴後四句言身不足惜淵明解處正在身名之外也

其十二

長公曾一仕壯節忽失時杜門不復出終身與世辭張釋之子張摯字長公官至大夫免以不能取容當世終身不仕仲理楊倫歸大澤高風始在兹一往便當已何為復狐疑去去當奚道世俗久相欺擺落悠悠談請從余所之

其十三

有客常同止趣捨邈異境一士長獨醉一夫終年醒醒
醉還相笑發言各不領規規一何愚兀傲差若穎寄言
酣中客日沒燭當炳

湯東澗曰醒者與世計分曉而醉者頽然聽
之而已淵明蓋沈冥之逃者故以醒為愚而
以兀傲為穎耳

其十四

故人賞我趣挈壺相與至班荊坐松下數斟已復醉父

老雜亂言觴酌失行次不覺知有我安知物為貴悠悠迷所留酒中有深味

張文潛曰陶元亮雖嗜酒家貧不能常飲酒而況必飲美酒乎其所與飲多田野樵漁之人班坐林間所以奉身而悅口腹者畧矣

石林詩話曰晉人多言飲酒有至沈醉者此未必意真在酒葢方時艱人各懼禍惟託於醉可以粗遠世故耳

其十五

貧居乏人工灌木荒余宅灌木叢木也班班有翔鳥寂寂無行跡宇宙一何悠人生少至百歲月相催逼鬢邊早已白若不委窮達素抱深可惜

其十六

少年罕人事游好在六經行行向不惑淹留遂無成竟抱固窮節飢寒飽所更敝廬交悲風荒草沒前庭披褐守長夜晨雞不肯鳴孟公不在茲終以翳吾情前漢陳遵字孟

公嗜酒每大飲賓客滿堂

其十七

幽蘭生前庭含薰待清風清風脫然至見別蕭艾中行行失故路任道或能通覺悟當念還鳥盡廢良弓

湯東澗曰蘭薰非清風不能別賢者出處之致亦待知者知耳淵明在彭澤日有悵然慷慨深愧平生之語所謂失故路也惟其任道而不牽於俗故卒能回車復路云耳鳥盡弓

藏蓋借昔人去國之語以喻已歸田之志

其十八

子雲性嗜酒家貧無由得時賴好事人載醪祛所惑揚雄家貧嗜酒人希至其門好事者載酒殽從游學觴來為之盡是諮無不塞有時不肯言豈不在伐國仁者用其心何嘗失顯默

湯東澗曰此篇蓋托子雲以自況故以柳下惠事終之五柳先生傳云性嗜酒家貧不能常得親舊或置酒招之造飲輒盡

其十九

疇昔苦長飢投耒去學仕將養不得節凍餒固纏己是時向立年志意多所恥遂盡介然分終死歸田里冉冉星氣流亭亭復一紀世路廓悠悠楊朱所以止淮南說林訓楊子見逵路而哭之為其可以南可以北墨子見練絲而泣之為其可以黃可以黑雖無揮金事文選張協詠二疏詩云揮金樂當年濁酒聊可恃

按彭澤之歸在義熙元年乙巳此云復一紀則賦此飲酒當是義熙十二三年間

其二十

羲農去我久舉世少復真汲汲魯中叟孔子彌縫使其淳鳳鳥雖不至禮樂暫得新洙泗輟微響漂流逮狂秦詩書復何罪一朝成灰塵區區諸老翁為事誠殷勤如何絶世下六籍無一親終日馳車走不見所問津若復不快飲空負頭上巾但恨多謬誤君當恕醉人

東澗曰諸老翁似謂漢初伏生諸人退之所謂羣儒區區修補者劉歆移太常書亦可見

不見所問津蓋淵明自況於沮溺而歎世無孔子徒也

東坡曰但恐多謬誤君當恕醉人此未醉時說也若已醉何暇憂誤哉然世人言醉時是醒時語此最名言

止酒

居止次城邑逍遥自閒止坐止高蔭下步止蓽門裏好味止園葵大懽止稚子平生不止酒止酒情無喜暮止

不安寢晨止不能起日日欲止之榮衛止不理徒知止不樂未知止利已始覺止為善今朝真止矣從此一止去將止扶桑涘山海經云黑齒之北曰湯谷有扶木九日居下枝一日居上枝皆戴烏郭璞云扶木扶桑也清顏止宿容奚止千萬祀

胡仔曰坐止高蔭下四句余反覆味之然後知淵明之用意非獨止酒於此四者皆欲止之故坐止於樹蔭之下則廣廈華堂吾何羨焉步止於華門之裏則朝市深利吾何趨焉

好味止於噉園葵則五鼎方丈吾何欲焉大歡止於戲稚子則燕歌趙舞吾何樂焉在彼者難求而在此者易為也淵明固窮守道安於丘園疇肯以此易彼乎

述酒

舊注儀狄造杜康潤色之

宋本云此篇與題非本意諸本如此誤

重離照南陸鳴鳥聲相聞秋草雖未黃融風久已分素

礫皛修渚南嶽無餘雲豫章抗高門重華固靈墳豫章宋武始封重華斥恭帝揖遜事流淚抱中歎傾耳聽司晨神州獻嘉粟西靈為我馴諸梁董師旅羊勝喪其身黄山谷云羊勝當是芉勝芉勝白公也沈諸梁葉公也殺白公勝山陽歸下國魏降漢獻帝為山陽公卒弒之成名猶不勤卜生善斯牧安樂不為君平王從韓子蒼本舊作生去舊京峽中納遺薰雙陵甫云育三趾顯奇文王子愛清吹日中翔河汾朱公練九齒閒居離世紛峩峩西嶺内偃息常所親天容自永固彭殤非等倫

黄山谷曰此篇有其義而亡其辭似是讀異
書所作其中多不可解
韓子蒼曰余反覆之見山陽歸下國之句葢
用山陽公事疑是義熙以後有所感而作也
故有流淚抱中歎平王去舊京之語淵明忠
義如此今人或謂淵明所題甲子不必皆義
熙後此亦豈足論淵明哉惟其高舉遠蹈不
受世紛而至於躬耕乞食其忠義亦足見矣

趙泉山曰此晉恭帝元熙二年也六月十一日宋王裕廹帝禪位既而廢帝為零陵王明年九月潛行弑逆故靖節詩中引用漢獻事今推子蒼意考其退休後所作詩類多悼國傷時感諷之語然不欲顯斥故命篇云雜詩或託以述酒飲酒擬古惟述酒間寓以他語使漫奥不可指摘今於名篇姑見其一二句警要者餘章自可意逆也如豫章抗高門重

華固靈墳此豈述酒語耶三季多此事慷慨爭此場忽值山河改其微旨端有在矣類之風雅無愧誄稱靖節道必懷邦劉良註懷邦者不忘於國故無為子曰詩家視淵明猶孔門視伯夷也

湯東澗曰按晉元熙二年六月劉裕廢恭帝為零陵王明年以毒酒一甖授張偉使酖王偉自飲而卒繼又令兵人踰垣進藥王不肯

飲遂掩殺之此詩所為作故以述酒名篇詩辭盡隱語故觀者弗省獨韓子蒼以山陽下國一語疑是義熙後有感而賦予反覆詳考而後知決為零陵哀詩也昔蘇子讀述史九章曰去之五百歲吾猶見其人也豈虛言哉

責子（舒儼宣俟雍份端佚通佟共五人舒宣雍端通皆小名也）

白髮被兩鬢肌膚不復實雖有五男兒總不好紙筆阿舒（儼）已二八懶惰故無匹阿宣（俟）行志學而不愛文術

雍(份)端(佚)年十三不識六與七通(佟)子垂九齡但覓梨與栗天運茍如此且進杯中物

黃山谷曰觀淵明此詩想見其人慈祥戲謔可觀也俗人便謂淵明諸子皆不肖而淵明愁歎見於詩耳所謂癡人前不得說夢也

有會而作(并序)

舊穀既沒新穀未登頗為老農而值年災日月尚悠為患未已登歲之功既不可希朝夕

所資烟火裁通旬日已來始念飢乏歲云夕矣慨然永懷今我不述後生何聞哉

弱年逢家乏老至更長飢菽麥實所羡孰敢慕甘肥惄如亞九飯（惄飢也）當暑厭寒衣歲月將欲暮如何辛苦悲常善粥者心深恨蒙袂非嗟來何足吝徒沒空自遺斯濫豈彼志固窮夙所歸餒也已矣夫在昔余多師

趙泉山曰此篇述其艱食之悰尤為酸楚老至更長飢是終身未嘗足食也

蜡日 蜡助駕切

蜡臘祭名伊耆氏始為蜡蜡也者索也歲十二月合聚萬物而索饗之也

風雪送餘運無妨時已和梅柳夾門植一條有佳花我唱爾言得酒中適何多未能明多少章山有奇歌

四時 此顧愷之神情詩類文有全篇然顧詩首尾不類獨此警絕

春水滿四澤夏雲多奇峯秋月揚明輝冬嶺秀孤松

劉斯立曰當是愷之用此足成全篇篇中惟

此警策居然可知或雖顧作淵明摘出四句
可謂善擇矣
許彥周詩話曰此詩乃顧長康詩誤入彭澤
集

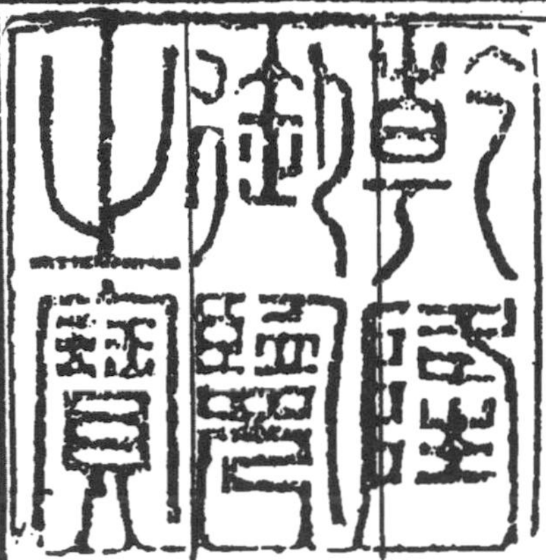

陶淵明集卷三